THE WEAPONS ENCYCLOPÆDIA
TANK AIRCRAFT AFV SHIP ARTILLERY VEHICLES SECRET WEAPON

TWE-017 ITA

CARRO LEGGERO T-26

THE WEAPONS ENCYCLOPAEDIA

EDITORIAL STAFF
Luca Cristini, Paolo Crippa.

REDAZIONE ACCADEMICA
Enrico Acerbi, Massimiliano Afiero, Aldo Antonicelli, Ruggero Calò, Luigi Carretta, Flavio Chistè, Anna Cristini, Carlo Cucut, Salvo Fagone, Enrico Finazzer, Arturo Giusti, Björn Huber, Andrea Lombardi, Aymeric Lopez, Marco Lucchetti, Luigi Manes, Giovanni Maressi, Francesco Mattesini, Péter Mujzer, Federico Peirani, Alberto Peruffo, Maurizio Raggi, Andrea Alberto Tallillo, Antonio Tallillo, Massimo Zorza.

PUBLISHED BY
Luca Cristini Editore (Soldiershop), via Orio, 35/4 - 24050 Zanica (BG) ITALY.

DISTRIBUTION BY
Soldiershop - www.soldiershop.com, Amazon, Ingram Spark, Berliner Zinnfigurem (D), LaFeltrinelli, Mondadori, Libera Editorial (Spain), Google book (eBook), Kobo, (eBoook), Apple Book (eBook).

PUBLISHING'S NOTES
None of unpublished images or text of our book may be reproduced in any format without the expressed written permission of Luca Cristini Editore (already Soldiershop.com) when not indicate as marked with license creative commons 3.0 or 4.0. Luca Cristini Editore has made every reasonable effort to locate, contact and acknowledge rights holders and to correctly apply terms and conditions to Content. Every effort has been made to trace the copyright of all the photographs. If there are unintentional omissions, please contact the publisher in writing at: info@soldiershop.com, who will correct all subsequent editions.

LICENSES COMMONS
This book may utilize part of material marked with license creative commons 3.0 or 4.0 (CC BY 4.0), (CC BY-ND 4.0), (CC BY-SA 4.0) or (CC0 1.0). We give appropriate attribution credit and indicate if change were made in the acknowledgments field. Our WTW books series utilize only fonts licensed under the SIL Open Font License or other free use license.

CONTRIBUTORS OF THIS VOLUME & ACKNOWLEDGEMENTS
Ringraziamo i principali collaboratori di questo numero: I profili dei carri sono tutti dell'autore. Le colorazioni delle foto sono di Anna Cristini. Ringraziamenti particolari a istituzioni nazionali e/o private quali: Stato Maggiore dell'esercito, Archivio di Stato, Bundesarchiv, Nara, Library of Congress ecc. A P.Crippa, A.Lopez, L.Manes, C.Cucut, archivi Tallillo. Model Victoria (www.modelvictoria.it), per avere messo a disposizione immagini o altro dei loro archivi.

For a complete list of Soldiershop titles, or for every information please contact us on our website: www.soldiershop.com or www.cristinieditore.com. E-mail: info@soldiershop.com. Keep up to date on Facebook & Twitter: https://www.facebook.com/soldiershop.publishing

Titolo: **CARRO LEGGERO RUSSO T-26** Code.: **TWE-017 IT**
Collana curata da L. S. Cristini
ISBN code: 9791255890492. Prima edizione dicembre 2023
THE WEAPONS ENCYCLOPAEDIA (SOLDIERSHOP) is a trademark of Luca Cristini Editore

THE WEAPONS ENCYCLOPÆDIA
TANK AIRCRAFT AFV SHIP ARTILLERY VEHICLES SECRET WEAPON

CARRO LEGGERO RUSSO T-26

LUCA STEFANO CRISTINI

BOOK SERIES FOR MODELERS & COLLECTORS

INDICE

Introduzione 5
  - Lo sviluppo e il progetto 6
  - Caratteristiche tecniche 8

Principali varianti e mezzi derivati 11
  - Le varianti del T-26 11
  - I mezzi derivati 14
  - Altri mezzi montati sullo *chassis* del T-26 18

Impiego operativo 23
  - Spagna: il battesimo di fuoco 23
  - La sconosciuta guerra di confine contro il Giappone 29
  - La guerra d'inverno contro la Finlandia 30
  - La grande guerra patriottica 30
  - Ultimi fuochi 33
  - Conclusione 35

Produzione ed esportazione 47
Scheda tecnica 52
Bibliografia 58

INTRODUZIONE

Il T-26 è un carro armato leggero sovietico usato da supporto per la fanteria, basato sul carro armato britannico Vickers Mk E, adottato dall'URSS nel 1931 con regolare acquisto della licenza britannica.
Fu in assoluto il carro armato con la più alta produzione dell'Armata Rossa e dell'esercito finlandese all'inizio della Seconda Guerra Mondiale, nonché dell'esercito della Repubblica spagnola durante la guerra civile spagnola, il secondo più grande dopo il mitico carro armato sovietico T-34 degli anni '30 e '40. Non fu, quindi, un progetto autonomo, poiché per ragioni pratiche e strategiche l'URSS necessitava di guadagnare il terreno perduto nella produzione industriale.
All'inizio degli anni '30, la gran parte di carri armati dell'URSS era costituita principalmente dal carro armato leggero T-18, prodotto in serie per il supporto diretto alla fanteria, e da vari tipi di carri armati britannici della Prima Guerra Mondiale. Il T-18 soddisfaceva il compito di saturare l'Armata Rossa con carri armati pronti per il combattimento e relativamente moderni, così come il loro sviluppo da parte dell'industria. Tuttavia, le caratteristiche del T-18 non sedussero mai del tutto lo Stato Maggiore dell'Armata Rossa. Alla fine del 1929, in una riunione del consiglio, si concluse che, a causa della mancanza di esperienza tra i progettisti di carri armati sovietici e del sottosviluppo della base industriale, era opportuno rivolgersi a modelli stranieri scelti. Nel maggio del 1930 fu allora firmato un contratto per 15 veicoli Vickers da 6 tonnellate Modello A (a doppia torretta), con tanto di documentazione completa e piani per la produzione nazionale. I 15 carri armati furono assemblati nel 1930 alla Vickers, sotto l'attenta cura degli ingegneri sovietici. I primi veicoli arrivarono in URSS nell'autunno dello stesso anno e gli altri nel 1931-32, quando il primo progetto nazionale di T-26 era quasi pronto per la produzione.

◄ ▲ Un perfetto esemplate di T-26 del primo modello con due torrette binate armate di mitragliatrici BT da 7,62 mm, conservato all' *Australian armour and artillery museum*. CC3 per gentile concessione.

LO SVILUPPO E IL PROGETTO

I primi carri armati T-26, che derivavano direttamente dal modello Vickers, erano apparsi nel 1931 ed erano armati di due torrette parallele, al centro dello scafo, dotate di una mitragliatrice leggera su ogni torretta. La versione, triposto, non era sufficientemente armata; si pensò allora di potenziare il sistema d'arma con la sostituzione di una mitragliatrice leggera con una pesante nel T-26 A-3. Questa soluzione intermedia non durò a lungo e, dopo aver sostituito la mitragliatrice pesante con un cannone da 27 mm (T-26A-4) o da 37 mm (T-26A-5), si arrivò finalmente alla soluzione più moderna, vale a dire il passaggio da una torretta multipla a una singola nella versione T-26B-1 dotata di un cannone da 37 mm; passò dunque da due torri monoposto a una biposto, sebbene questo impediva di ingaggiare due bersagli contemporaneamente, cosa importante per un mezzo lento come il T-26 di appoggio fanteria. Ma la soluzione praticata si rivelò subito come la migliore.

A seguire, il cannone da 37 mm derivato dal pari calibro 3,7 cm PaK 36 prodotto dalla Rheinmetall, fu sostituito da uno da 45 mm con canna da 46 calibri (L/46). Questo aumentò ancora di più la potenza perforante ma soprattutto esplosiva (granata da 1,4 kg a 700ms). Questo fortunato modello passato alla storia come *Modello 1933* (il precedente T-26A nelle sue varie declinazioni era noto come *Modello 1931*), e venne prodotto, da solo, in circa 5.500 esemplari, quindi la metà di tutti i T-26 prodotti! Va anche notato come tale produzione venne realizzata in appena 3 anni, una cadenza produttiva eccezionale per l'epoca. Il T-26 venne sottoposto a ulteriori evoluzioni, quindi apparve il *T-26S Modello 1937*, dotato, come gli ultimi esemplari del Modello 1933, di corazza di tipo saldato anziché rivettato. Questa scelta fu dovuta al fatto che il tipo di rivetto adottato finiva spesso per diventare una sorta di proiettile nei confronti dell'equipaggio del carro, se colpito.

Altre versioni derivate del T-26 furono il lanciafiamme *OT-26* con lanciafiamme al posto del cannone, l'*OT-33* che aveva sia l'uno che l'altro, il gettaponte ST-26 per conferire ai reparti carri l'indispensabile mobilità nei riguardi degli ostacoli naturali, il carro comando, munito di radio a ringhiera *T-26A-4(U)* e *T-26B-2(U)*. Altri tentativi furono quelli per un carro semovente con cannone da 76 mm M1927.

▲ Carro T-26 sempre del primo tipo con doppia torretta, ma con due diversi sistemi d'arma. Un nuovo cannoncino da 37 sulla torre di destra e la consueta arma DT da 7,62 sull'altra torretta. Modello conservato al museo patriottico di Kuninka, in Russia.

CARRO ARMATO LEGGERO T-26 Mod. 1931 KHALKIN GOL, AGOSTO 1939

▲ T-26 A1 versione con torrette binate con due mitragliatrici DT da 7,62 mm.

CARATTERISTICHE TECNICHE

Il T-26 era a tutti gli effetti un carro armato leggero, pensato espressamente in funzione di appoggio truppe, e di conseguenza non era particolarmente ben dotato in termini di mobilità, con un motore e trasmissione di modesta potenza complessiva, che dava una velocità relativamente bassa.
La corazzatura era data da lamiere piane, quantomeno nel modello 1933/T-26B, il più diffuso e noto carro di questa famiglia. La struttura interna era assai simile a quella di un veicolo di tipo convenzionale: pilota avanti, capocarro e cannoniere in torretta. Quest'ultima, di struttura cilindrica o rettangolare, era spostata sensibilmente sulla sinistra dello scafo. Non vi era spazio per il caricatore, ma anche con 2 uomini di equipaggio, l'ergonomia era accettabile, come anche il volume interno.
Il motore era posizionato posteriormente e trasmetteva il moto alle ruote anteriori attraverso un albero di trasmissione. Le due ventole del motore erano protette da griglie di ventilazione situate sul retro del cofano motore. Il cannone da 45 mm lungo 46 calibri era un'arma efficace, capace di prevalere su ogni carro dell'epoca, con una gittata utile oltre i 1.000 metri. Avendo una massa due volte maggiore di quella di un proiettile da 37 mm aveva anche molta più potenza esplosiva, quindi era un'arma polivalente. Due mitragliatrici, una anteriore e una rivolta verso la parte posteriore della torre, erano presenti come armamenti ausiliari. I due uomini di equipaggio avevano portelli superiori sulla torretta, ma anche due periscopi di osservazione e di mira, anche se non c'era una cupola per il capocarro.

▲ ▶ Interno della torretta del carro armato T-26 modello 1933. In questo caso si tratta di un modello catturato dalle forze armate finlandesi, esposto nel Museo dei carri armati finlandese (Panssarimuseo) di Parola. Questo carro armato in particolare è stato restaurato per renderlo guidabile. Wiki CC3.

La corazza era rivettata, ma gli ultimi tipi, come si è visto, erano dotati di una più affidabile corazza saldata, che dava una migliore resistenza a parità di peso. La struttura del carro non sfruttava il vantaggio dell'inclinazione dei piani per aumentare la resistenza al tiro nemico, presentando ampie parti verticali. L'acciaio usato era di ottima qualità e valorizzava molto gli spessori, anche se essi erano intesi solo come idonei a contrastare la minaccia di schegge e proiettili leggeri.

La mobilità non era eccezionale ma era migliore di quella di molti carri da fanteria su strada, ma nel superamento degli ostacoli e fossati il veicolo palesava una certa difficoltà (rispettivamente 0,80 metri e 1,90 metri). Il treno di rotolamento, potenziato da un motore a benzina, era costituito da cingoli metallici con ruota anteriore, posteriore, 3 rulli reggicingolo e 4 carrelli a 2 ruote reggicingolo per parte.

I modelli con doppia torretta

I primi modelli fabbricati del T-26 sovietico erano ancora del tipo arcaico a doppia torretta. Ogni torretta aveva una sua fessura di osservazione, una porta di fuoco rotonda per la mitragliatrice DT, piastre corazzate rivettate al telaio e persino spessori di zinco sigillati per migliorare le prestazioni di impermeabilità di guado di fiumi e torrenti. Successivamente fu aggiunta una copertura per la finestra di uscita dell'aria principale del motore. I modelli realizzati negli anni 1932-33 avevano una costruzione mista, con scafo saldato e rivettato. Le due torrette erano rivettate o saldate, montate su scafi a loro volta saldati o rivettati. Queste torrette furono realizzate in quattro diversi modelli e configurazioni, ma sempre assemblate nella stessa posizione. Ogni singola torretta aveva un arco di fuoco di 240° e un'armatura compresa tra 13 e 15 mm, migliorando sensibilmente la precaria armatura dei primi modelli che avevano solo 10 mm di lega, fra l'altro scadente, che a fatica bloccava le pallottole delle mitragliatrici nemiche. I primi modelli vennero realizzati nelle seguenti tirature: il modello 1931 in 100 esemplari, il 1932 circa 1350 esemplari, e infine il 1933 in 580 esemplari circa; erano tutte versioni a doppia torretta. In tutto ne furono costruiti poco più di 2000. Il loro valore in combattimento nel 1939 era già insignificante, quindi molti furono convertiti ad altri compiti e alcuni all'addestramento.

Il modello di maggior successo a torretta singola e nuova torretta: il Mod. 1938

Tuttavia, la doppia torretta ebbe vita breve e produzione contenuta: la grande produzione decollò con il T-26 a torretta singola. Questa volta si trattava completamente di progettazione sovietica. La torretta era cilindrica, relativamente bassa, dal design semplice, con deposito posteriore e ospitava un cannone da 45 mm con discrete capacità anticarro. Ciò era un cambio assai positivo rispetto al cannone da 37 mm della versione "britannica" Tipo B. Poi dal 1933 al 1938 il T-26 subì poche modifiche, a eccezione dell'uso di più moderne antenne a frusta, del sistema di comando VKU-3, dell'interfono TPU-3 e di un otturatore elettrico e del mirino telescopico stabilizzato verticalmente.

L'armamento principale rimarrà invariato fino alla fine della produzione, che avverrà nel 1941 per evidente non idoneità in confronto ai nuovi carri nemici, ma il modello 1938 ricevette una nuovissima torretta in fusione con angoli inclinati, la stessa armatura e un mirino panoramico migliorato per i carri armati comando con sistema radio.

Questa torretta era anche predisposta per una spia sul retro per il cannone posteriore, già precedentemente introdotta per la prima volta nel 1935, per una terza mitragliatrice DT. Dopo l'estate del 1938, la base della torretta fu rinforzata e fornita di uno spessore di corazza migliorato a 20 mm. Quest'ultimo modello venne battezzato modello 1939. In totale furono costruiti ben 4.826 carri armati dei modelli 1938 e 1939; circa 670 di questi furono dotati di supporti per mitragliatrici contraeree nel 1939-40.

Contemporaneamente, diversi vecchi modelli obsoleti furono riconvertiti in lanciafiamme o carri armati speciali per battaglioni chimici. Nel 1940, la fabbrica di automobili S. Kirov di Leningrado fu incaricata della modernizzazione di 340 vecchi e obsoleti modelli T-26 del 1933. Questi vennero sottoposti a tante variazioni come l'aumento della corazza per i fari, aggiunta di una porta laterale per il conducente e l'installazione di nuovi dispositivi di osservazione corazzati, un portello comune sopra il vano motore e un nuovo accesso al serbatoio del carburante che venne reso anche più capace.

▲ Particolare assai chiaro della forma del portello anteriore per il conducente della torretta del carro armato T-26 modello 1933. Versione finlandese del Museo dei carri armati finlandesi (Panssarimuseo) di Parola. Wiki CC3.

PRINCIPALI VARIANTI E MEZZI DERIVATI

LE VARIANTI DEL T-26

Il T-26 sovietico fu un carro importante, anche se non troppo strategico, visto che parliamo di un mezzo leggero. Esso venne, come detto, realizzato in più di 10.000 esemplari (e quasi 12.000, considerando anche i veicoli derivati o montati sullo *chassis* del T-26); parecchi, e questo stava a significare che i russi ci credevano. Il modello base, quello usato come carro armato leggero in supporto alla fanteria, si divide in 6 modelli, indicati dall'anno, vale a dire: modello 1931, 1932, 1933, 1937, 1938 e 1939. Questi 5 modelli vennero prodotti per un intero decennio, dal 1931 al 1941. Questo mezzo, già durante l'invasione nazista dell'URSS, aveva fatto il suo tempo, ma l'esperienza servì ai sovietici per organizzare una produzione di massa di mezzi corazzati e padroneggiare tecnologie di buon livello, come corazze di alta qualità, cannoni ad alta velocità, radio di bordo.

IL MODELLO 1931

Il **T-26 modello 1931** fu il primo carro armato di linea, nella versione basica versione a due torri con armamento cannone-mitragliatrice (cannone da 37 mm in una delle torri e mitragliatrice nell'altra).

IL MODELLO 1932

Il **modello 1932,** come il precedente carro armato di linea, era sempre basato sulla versione a due torri con armamento a due mitragliatrici BT da 7,62. In tutto, del modello 1932 ne furono costruiti circa 2038. Il loro valore in combattimento nel 1939 era insignificante, quindi molti furono convertiti ad altri compiti e alcuni all'addestramento. Questo fu l'ultimo modello pensato con due torrette.

IL MODELLO 1933

Il **T-26 modello 1933** - carro armato di linea, fu il primo con la versione a torretta singola di tipo cilindrica e cannone da 45 mm, l'opzione più popolare. In quello che diverrà il modello più popolare prodotto in oltre 5.000 unità.

▲ T-26 versione di prima produzione (modello 1932) in manutenzione in una caserma russa. Wiki CC3.

IL MODELLO 1936

Al monumentale mod. 1933 fece seguito il **modello 1936** - macchina sperimentale con cannone antiaereo automatico da 37 mm Boris Shpitalny installato nella torretta. A causa dell'inaffidabilità del cannone, i lavori per la creazione di un carro armato antiaereo furono presto interrotti.

I MODELLI 1938 E 1939

Gli ultimi due modelli, il 1938 e il 1939 carri armati di linea, ebbero in dotazione principale una nuova e più moderna torretta singola di tipo conica e scafo saldato. Fu anche di nuovo rivista la torretta conica con ulteriori miglioramenti e nuove pareti inclinate. Queste due ultime versioni del T-26 furono prodotte anch'esse in larga tiratura, circa 4.850 esemplari o poco meno. Molte di queste erano fornite di supporto antiaereo con mitragliatrice montata sul cielo della torretta. La storia del T-26 però non finisce qui, poiché dalle sue "ceneri" (per i modelli giudicati non più da combattimento), una ditta appositamente pensata a Leningrado (ma non fu la sola) si occupò della creazione di diverse varianti, per diversi usi e per alcune decine di modelli che andremo ad analizzare in seguito.

A seguire illustreremo altre diverse varianti del carro T-26 , pensate per svariate missioni: carri comando-radio, con moduli *teletank* (gruppo telemeccanico), con funzione supporto d'artiglieria, versioni lanciafiamme, versioni per il genio. E ancora, trattori d'artiglieria, carri elettrici e altro. Completeremo con una terza sezione dedicata ai veicoli su telaio T-26.

▲ Carro armato T-26 modello 1933. Si tratta sempre del modello catturato dalle forze armate finlandesi, e dagli stessi ridipinto e riassegnato con le tipiche insegne *runich*, una sorta di svastica finnica. Il carro è esposto nel Museo dei carri armati finlandesi (Panssarimuseo) di Parola. Wiki CC3.

CARRO ARMATO LEGGERO T-26RT Mod. 1933 SFILATA DI MOSCA, MAGGIO 1935

I MEZZI DERIVATI DEL T-26

- **T-26RT:** carro armato a torretta singola con stazione radio 71-TK-1 (dal 1933);

- **TU-26 / TT-26:** carro armato e *teletank* della prima serie del gruppo telemeccanico, anche detti a controllo remoto. Erano dotati di equipaggiamento TOZ-6 e costruiti sul telaio del T-26 lineare. Nel 1936-37, 35 gruppi di veicoli di ogni tipo furono convertiti da carri armati a 2 torrette a versioni con torretta singola;

- **TU-132 / TT-131**: carro armato di controllo e *teletank* (TT) della seconda serie del gruppo telemeccanico. Erano dotati di equipaggiamento TOZ-8. I TT-131 furono costruiti sulla base degli XT-130. Nel 1938-39 furono formati 30 gruppi. 55 carri armati furono costruiti da zero nel 1938 e 5 furono convertiti da 2 torrette nel 1939;

- **T-26A:** carro armato di supporto all'artiglieria. Fu installata una nuova torretta T-26-4, più spaziosa, con un cannone a canna corta da 76 mm. Vennero prodotti 6 prototipi.

I carri lanciafiamme costituirono circa il 12% della produzione di serie del T-26. Questi carri erano denominati "KhT" (*Khimicheskiy Tank*, "carro chimico") o XT nei documenti coevi. Questi veicoli erano destinati, oltre che all'uso del lanciafiamme, anche alla dispersione di agenti chimici e di cortine fumogene tramite l'equipaggiamento TKhP-3, sviluppato nel 1932 e facilmente installabile su tutti i carri T-26;

- **XT-26**: carro armato con lanciafiamme. L'armamento era situato in una piccola torretta. Furono prodotti 552 carri armati e 53 furono convertiti da T-26 di serie a due torrette;

- **XT-130**: carro armato lanciafiamme, variante del modello dell'anno 1933; il lanciafiamme è montato in una torretta cilindrica al posto del cannone. Vennero prodotti 401 veicoli;

- **XT-133**: carro armato lanciafiamme, una variante del modello dell'anno 1938, con il lanciafiamme montato in una torretta conica. 269 carri armati prodotti;

- **XT-134**: carro armato lanciafiamme, variante del modello del 1939. Armamento: cannone da 45 mm 20K modello 1932/38, lanciafiamme nello scafo, 2 mitragliatrici DT, due prototipi convertiti da T-26 lineari.

▲ Una delle varie versioni lanciafiamme ricavate dal T-26, denominate XT. Ne furono realizzate oltre un migliaio delle quattro diverse versioni XT 26, 130, 133 e 134. Quello nella foto è ancora il primo modello. Questo veicolo venne prodotto nel 1935 e parzialmente modernizzato tra il 1938 ed il 1940.

CARRO ARMATO LEGGERO T-26 Mod. 1931 KHALKIN GOL, AGOSTO 1939

▲ T-26 A1 versione carro comando radio con torrette binate con un cannoncino da 37mm e una mitragliatrice DT da 7,62 mm.

- **ST-26:** carro armato geniere (gettaponte) (1932-1939). Armamento: mitragliatrice DT, 65 veicoli prodotti e convertiti in 6 carri armati sperimentali di diversi sistemi. L'equipaggiamento speciale consisteva in un ponte metallico lungo 7,35 m e pesante 1.100 kg. Il ST-26 era pensato per consentire ai carri T-27, T-26 e BT di superare trincee e fossati di 6-6,5 m di larghezza;

- **T-263:** carro armato leggero con trasmissione elettrica (1935-1938). Armamento: cannone da 45 mm modello 1932 e 2 mitragliatrici DT. Fu prodotto un solo prototipo;

- **KT-26:** carro armato leggero a ruote cingolate.

▲ Carro pioniere ST-26 con sistema gettaponte durante le prove eseguite nel marzo del 1933. Nelle foto piccole: in alto, AT-1 armato con cannone da carro da 76,2 mm PS-3. Sotto: Semovente SU-5-1 armato con cannone divisionale 76 mm.

CARRO ARMATO LEGGERO T-26 Mod. 1931/32, RUSSIA 1939

▲ T-26 A1 versione carro con armamento di cannone e mitragliatrice - versione bifronte con cannone Hotchkiss da 37 mm (PS-1) nella torretta destra.

ALTRI MEZZI MONTATI SULLO CHASSIS DEL T-26

Semoventi d'artiglieria: mezzi ricavati sullo *chassis* del T-26 e utilizzati in ambito artiglieria semovente diretta o con finzione trasporto o trattore.

- **SU-5-1:** semovente d'artiglieria armato con il cannone divisionale 76 mm M1902/30, con vano di combattimento a cielo aperto. Un singolo prototipo costruito nel 1934;

- **SU-5-2:** semovente d'artiglieria armato con l'obice 122 mm M1910/30, con vano di combattimento a cielo aperto. Un prototipo costruito nel 1934, seguito da 30 veicoli di serie nel 193;

- **SU-5-3**: semovente d'artiglieria armato con l'obice divisionale 152 mm M1931 (NM), con vano di combattimento a cielo aperto. Un prototipo costruito nel 1934;

- **SU-6**: semovente antiaereo armato con cannone antiaereo da 76,2 mm 3K, con vano di combattimento a cielo aperto. Un prototipo costruito nel 1935. Venne pianificata la produzione di 4 veicoli di serie nel 1936, equipaggiati con ZSU-37 da 37 mm;

-**SU-T-26** (**SU-26**, poi **SU-76P**): semovente antiaereo con vano di combattimento a cielo aperto, armato con mitragliera antiaerea ZSU-37 o cannone divisionale da 76 mm M1927. La Fabbrica Kirov di Leningrado costruì 14 veicoli nel 1941: 2 con mitragliere da 37 mm e 12 con cannone da 76 mm;

- **T-26-T:** trattore d'artiglieria corazzato basato sul telaio del T-26. La prima versione aveva una sovrastruttura non blindata, mentre il T-26-T2 era completamente blindato. Un piccolo numero di trattori fu prodotto nel 1933 per le batterie di artiglieria motorizzate per il traino dei cannoni divisionali da 76 mm. Alcuni di essi rimasero in servizio fino al 1945. Nel 1933 furono prodotti 183 trattori T-26T. Successivamente nel 1936 vennero prodotti 14 trattori dotati di motore potenziato e sistema di traino migliorato, 10 dei quali con cabina corazzata. Le prove sul campo e il servizio al fronte dimostrarono che il mezzo era sottopotenziato per il traino fuoristrada di carichi maggiori di 5 t, così i mezzi non ebbero ulteriori sviluppi. Nel maggio 1941 vecchi carri con doppia torretta vennero ceduti, disarmati, dalle unità corazzate orientali per essere trasformati in trattori per pezzi reggimentali ed anticarro dei corpi d'armata meccanizzati;

▲ Prove di uscita dei primi esemplari del carro medio M11 fatti in Piemonte nel 1939.

CARRO ARMATO LEGGERO T-26 A2 Mod. 1933 RUSSIA, INVERNO 1939

▲ T-26 A2 carro dipinto in bianco durante la guerra d'inverno in Finlandia, unità sconosciuta, Istmo di Carelia, dicembre 1939.

- **TN-26 (Observer):** versione sperimentale da osservazione del T-26-T, con una stazione radio e un equipaggio di 5 persone;

- **T-26E:** nell'esercito finlandese, dopo la campagna di Finlandia del 1940, i carri armati Vickers Mk E, riarmati con un cannone sovietico da 45 mm, furono chiamati T-26E. Furono utilizzati nel 1941-1944 e alcuni rimasero in servizio fino al 1959;

- **TR-1**: veicolo trasporto truppe. Prototipo costruito all'inizio del 1933. Il motore Hercules da 90 hp e la trasmissione erano spostati nella parte frontale del veicolo. Una cabina corazzata posteriore trasportava i fanti, dotata di portellone posteriore e 6 feritoie laterali. Il veicolo era disarmato. Testato tra agosto e ottobre 1933 a Kubinka. *Caratteristiche tecniche*: peso: 9,455 t - equipaggio: 2 (capocarro e pilota) + 14 fanti;

- **TR-4:** portapersone blindato;

- **TR-26:** portapersone corazzato;

- **TP4-1:** trasportatore di munizioni;

- **TV-26:** trasportatore di munizioni;

- **T-26Ts:** trasportatore di carburante;

- **TTs-26:** trasportatore di carburante.

Veicoli da ricognizione

TN ("TN" sta per *tank nabljudenija* o "carro da osservazione"): versione sperimentale di carro da osservazione basato sullo scafo del trattore d'artiglieria T-26T e destinato alla ricognizione in prima linea e all'osservazione del tiro d'artiglieria. Sviluppato dall'ufficio progettazione del Deposito approvvigionamento militare di Mosca nel settembre 1934. Venne costruito un singolo veicolo, testato con successo nel 1935. Il TN aveva una casamatta corazzata invece della torretta, armata con una mitragliatrice DT. L'equipaggiamento speciale consisteva di una stazione radio 71-TK-1 con antenna a corrimano intorno alla cabina, un telemetro ottico Zeiss (con base da 500 mm), un'ottica panoramica PTK per il capocarro, una girobussola, goniometro, calcolatore di angolo morto, preditore, tavola per mappe, telegrafo semaforico SPVO e due telefoni UNAF con naspo per i fili. *Caratteristiche tecniche*: peso: 8,1 t - equipaggio: 3 - corazzatura: 6–15 mm - velocità: 28 km/h - autonomia: 130 km.

▲ Una rara immagine del trasporto TR-1 veicolo trasporto truppe.

CARRO ARMATO LEGGERO T-26 A2 Mod. 1936/37 RUSSIA, INVERNO 1939

▲ T-26 A2 carro armato di comando, con la caratteristica antenna radio sul corrimano, doppi fari supplementari, supporto antiaereo DT P40 e supporto DT sulla torretta posteriore. Unità sconosciuta - Frontiera mongola, agosto 1939.

CARRO LEGGERO T-26

BSNP: il TN, in deposito presso la Fabbrica N. 185, venne ricostruito come BSNP (*bronirovannij samochodnij nabljudatel'nij punkt* - "posto di osservazione semovente corazzato") nel 1939. Era equipaggiato con una stazione radio 71-TK, un telemetro ottico Invert (con base da 700 mm), ottica panoramica PTK per il capocarro, bussola magnetica, periscopio retraibile per l'osservazione a lunga distanza PDN (ingrandimento 10× e campo di 5°), due telefoni da campo con due naspi di cavi ed un goniometro sviluppato dall'Istituto di ricerca N. 22. Il veicolo venne testato nell'estate 1939 e la commissione di ispezione giunse alla conclusione che il BSNP era un veicolo molto utile per l'osservazione del tiro di artiglieria e per il coordinamento tra artiglieria, carri e fanteria sul campo di battaglia, ma la qualità degli equipaggiamenti e la loro installazione non consentivano un uso ottimale del veicolo. Venne quindi raccomandato un miglioramento del mezzo ma tutti i lavori vennero invece interrotti;

T-26FT ("FR" sta per *foto tank* o "carro fotografico"): veicolo da ricognizione sperimentale basato sul T-26 mod. 1933, destinato a filmare e fotografare le opere difensive nemiche, sia da fermo che in movimento. Il T-26FT conservava la normale torretta cilindrica, con un'antenna radio a corrimano, ma il cannone da 45 mm era sostituito da un simulacro in legno. L'armamento era limitato ad una mitragliatrice DT con 441 colpi a bordo. Sul lato sinistro della torretta erano ricavate due piccole feritoie da 80 mm di diametro, munite di lenti e portelli corazzati azionati elettricamente. All'interno del veicolo erano due compartimenti speciali: uno per le riprese fotografiche e cinematografiche, equipaggiato con una fotocamera semiautomatica pesante Kinamo, una cinepresa, un periscopio sincronizzato con entrambe le precedenti ed una stazione radio; l'altro comparto era per lo sviluppo fotografico ed era equipaggiato con una girobussola Anschütz e un apparato per l'ingrandimento e lo sviluppo delle pellicole. L'equipaggio era formato da 3 uomini: pilota e due operatori foto-cinematografici. Venne costruito un singolo veicolo nel 1937, testato a Kubinka nel gennaio-febbraio 1938. Non seguirono sviluppi operativi.

▲ Carro da ricognizione BSNP. Notare l'antenna radio a corrimano e le due finestre per il telemetro ottico sulla piastra frontale dello scafo, luglio 1941. Nella foto piccola: unità di artiglieria SU-5-3, armata di 152,4 mm Howitzer.

IMPIEGO OPERATIVO

Il T-26 ha partecipato, ed è stato parecchio impegnato, in numerose battaglie e campagne tra il 1936 e il 1942. Il suo vero battesimo di fuoco avvenne nella guerra civile spagnola, e fu assai rilevante contro i carri nazionalisti CV33 e Panzer I nettamente inferiori, armati solo di mitragliatrici leggere. Il carro sovietico poteva competere anche con il più massiccio Panzer II, e aveva un cannone efficace anche ben oltre il chilometro. I T-26, pur avendo una corazza di qualità, erano comunque troppo leggeri per resistere all'artiglieria campale e controcarro, che spesso li metteva fuori uso. Contro il Giappone, l'URSS impiegò questi mezzi in maniera massiccia, e grazie a loro vinse la battaglia di Khalkhin Gol al comando di Žukov. In questa guerra non dichiarata dell'estate 1939 i sovietici batterono i giapponesi, procurando assai più danni al nemico che perdite subite. Si trattò di una vera Blitzkrieg, la prima dell'era moderna dei carri armati, e fu un peccato che in occidente non si sapesse abbastanza delle capacità operative sovietiche, che invece si dimostrarono esemplari. Ma contro la Finlandia prima, e assai di più, durante lo scontro con la Germania, da Barbarossa in poi, il mezzo palesò invece tutto il differenziale, che rese in brevissimo obsoleti i già brillanti T-26.

■ SPAGNA: IL BATTESIMO DI FUOCO

Le giovani leve corazzate sovietiche trascorsero tutta la prima parte degli anni '30 ad addestrarsi con i BT e i T-26, che costituivano allora il grosso della forza corazzata sovietica. Lo scoppio della Guerra Civile Spagnola offrì la possibilità ai loro carri di testare quanto valessero. La Spagna al governo, durante la Guerra Civile era l'"alleato naturale" della Russia comunista e rivoluzionaria di quegli anni. Il potere

▲ Una folla di cittadini spagnoli di Cordova osservano questo T-26 sovietico appena catturato dalle forze nazionaliste alle forze repubblicane, ed esposto come preda bellica la notte di Natale del 1936.

spagnolo era infatti nelle mani del partito repubblicano dominato dai socialisti, e questi se la dovevano vedere con gli insorti franchisti, supportati dall'Italia fascista e dalla Germania nazista. I sovietici vendettero loro, a prezzi favorevoli, un totale di 281 carri armati T-26 (297 secondo altre fonti), a partire dall'ottobre 1936, insieme a una dozzina di BT-5 e varie centinaia di auto blindate. Sin dai primi scontri, il T-26 si dimostrò nettamente superiore al bizzarro insieme di mezzi e carri antiquati acquisiti dagli insorti nazionalisti. I carri armati schierati dai nazionalisti spaziavano, infatti, dalle semi innocue tankette italiane (i famosi carri leggeri anche detti scatole di sardine) ai piccoli e modesti Panzer I dei tedeschi. Fatta eccezione per una minaccia aerea sempre presente, vero asso nelle mani dei nazionalisti, il T-26 dominava il campo di battaglia e sollevava non poche preoccupazioni tra gli specialisti dei carri armati tedeschi. Durante la battaglia, tutta italiana, di Guadalajara (marzo 1937), i T-26 repubblicani sradicarono completamente l'opposizione corazzata (per lo più CV-33 italiani). Fu una vittoria strepitosa, ma fu anche l'ultima per i "Rojos".

▲ Sopra: falangisti nazionalisti osservano un T-26 catturato. Sotto: due T-26 repubblicani nelle strade di Belcite.

CARRO ARMATO LEGGERO T-26 Mod. 1933, SPAGNA 1936

▲ Bella immagine di un T-26 delle forze repubblicane carico di miliziani armati di fucili.
▼ Un bell'esemplare conservato in Spagna del T-26 con la titpica torretta colorata in giallo e rosso.

CARRO ARMATO LEGGERO T-26 A2 Mod. 1936/37 RUSSIA, INVERNO 1941

▲ T-26 A2 carro armato appartenente alla 20ª brigata carri. Fronte russo, Novembre 1941.

CARRO LANCIAFIAMME XT-130 GUERRA RUSSO-FINLANDESE, INVERNO 1940

▲ Carro lanciafiamme XT-130, del battaglione carri chimici 7ª Armata - Istmo della Carelia, febbraio 1940.

LA SCONOSCIUTA GUERRA DI CONFINE CONTRO IL GIAPPONE

Prima ancora di entrare in guerra col Giappone nella Seconda Guerra Mondiale, Russia e Giappone erano già venuti alle mani. Nel 1935, i sovietici avevano riconquistato i territori zaristi dell'Estremo Oriente. I nuovi confini dell'URSS, ora riconquistati con tutta la forza, comprendevano le frontiere coreana, cinese e mongola. La Cina nord-orientale e le sue frontiere indistinte e mal definite anche a causa di una geografia desolata, remota e gelida, erano stati, a partire dal 1905, fonte di vivide tensioni tra Mosca, Pechino e Tokyo. La zona attraversata dalla ferrovia della Manciuria meridionale divenne in particolare il *casus belli* che scatenò la seconda guerra sino-giapponese, così come altre centinaia di "incidenti di confine" (che vanno da semplici scaramucce di fanteria a vere e proprie battaglie su larga scala) combattuti tra le forze mongole o sovietiche contro l'esercito imperiale nipponico. Il primo grande scontro fu l'incidente di Changkufeng, avvenuto sul lago Khasan nel luglio-agosto 1938, accanto alle contese alture di Changkufeng, vicino alla Corea. La 2ª Brigata Meccanizzata, il 32° e il 40° Battaglione Carri Separati entrarono in azione con i loro 276 carri armati, portando a termine una schiacciante vittoria russa, contro un esercito giapponese che non ha mai eccelso nell'arma corazzata. Questo fu il preludio all'ultima, decisiva battaglia di Nomonanh (Khalkin Gol) nel 1939, conclusa tuttavia con uno status quo che non garantì comunque grandi guadagni territoriali per l'URSS.

▲ Altra bella immagine di un T-26 spagnolo (probabilmente si tratta di equipaggio nazionalista pronto per la sfilata finale di Madrid). Notare i caschetti di cuoio sovietici dei carristi.

LA GUERRA D'INVERNO CONTRO LA FINLANDIA

La Seconda Guerra Mondiale si avvicina. In Occidente, il discusso, complicato e difficile patto di non aggressione tra Hitler e Stalin, servì loro soprattutto a guadagnare più tempo per rafforzare e preparare i loro eserciti, tutto ciò a scapito mortale del loro vicino odiato comune, la Polonia. La maggior parte delle forze corazzate sovietiche che parteciparono all'operazione tenaglia nei confronti dei polacchi erano costituite da brigate di carri armati leggeri T-26.

Tre mesi dopo, quelle stesse unità formarono il peso di una forza d'invasione ancora più rafforzato sulla frontiera sud-orientale della Finlandia (il famoso istmo della Carelia). Le famigerate versioni lanciafiamme furono utilizzate in massa in particolare contro la linea Mannerheim. Tuttavia, i finlandesi, grazie a una perfetta conoscenza del terreno, e soprattutto grazie a eccellenti cannoni anticarro e intelligenti tattiche di fanteria ad hoc, massacrarono, letteralmente, sciami di T-26 e dimostrarono che questo modello aveva finalmente raggiunto uno stato di obsolescenza. In Unione Sovietica, questo choc innescò un'accelerazione nella progettazione dei carri armati, verso la successiva generazione degli anni Quaranta.

A valore aggiunto, come ricompensa per la loro resistenza, i finlandesi catturarono circa duecento T-26 di tutte le versioni, che furono ristrutturati e rimessi in servizio con la loro svastica nel 1941 contro i loro ex proprietari. Alcuni T-26 finlandesi erano ancora in servizio attivo nel 1960.

LA GRANDE GUERRA PATRIOTTICA

Nel giugno 1941, l'Armata Rossa disponeva di un numero enorme di carri armati, e ben 10.268 carri T-26 di tutti i modelli e varianti. L'ultimo prodotto, un T-26 modello 1939, era appena uscito dalla fabbrica a febbraio. Ma, nonostante la moderata modernizzazione, il T-26 sentiva la sua età, e la Finlandia aveva

▲ T-26 modificato con la prima torretta BT-5, modello spesso confuso con il "T-26 mod. 1933". Esposto al museo dei carri armati di Parola, Finlandia.

CARRO SEMOVENTE - GUERRA RUSSO-FINLANDESE, INVERNO 1939

▲ Carro Semovente (prototipo) 40ª Brigata leggera, 7ª Armata sovietica - Istmo della Carelia Finlandia, febbraio 1939.

CARRO ARMATO LEGGERO T-26 A2 Mod. 1934 RUSSIA, AUTUNNO 1941

▲ T-26 A2 mod. 1934 in forza al distretto operativo di Kiev fronte del sud-ovest. Agosto-settembre 1941.

insegnato che la guerra moderna mandava in pensione i mezzi con una velocità impensabile solo un decennio prima. La carrozzeria del suo antenato, il britannico Mark E, fu disegnata nel 1928.

Costituivano di gran lunga la maggior parte di ogni corpo meccanizzato nei distretti militari di confine, ma nonostante una netta superiorità sui Panzer I tedeschi e una certa parità con i Panzer 35(t) e 38(t) di costruzione ceca schierati dalla Wehrmacht, i T-26 non erano certo all'altezza dei cannoni da 50 mm e 75 mm dei Panzer III e IV che costituivano la parte principale di ogni divisione Panzer.

La loro armatura relativamente sottile poteva resistere al fuoco dei Pak 36, ma assolutamente non a qualsiasi altro cannone anticarro tedesco.

Il risultato era quindi ampiamente annunciato. Durante la fase iniziale dell'Operazione Barbarossa, i sovietici persero migliaia di T-26, e non solo a causa dell'azione nemica. Lo choc emotivo fu tremendo, e la rapida e inarrestabile avanzata tedesca creò grandi sacche, le delicatezze dei T-26 mostrarono tutti i loro limiti se sottoposti a stress ravvicinati. Molti si ruppero o furono immobilizzati a causa della mancanza di pezzi di ricambio, carburante e scarsa manutenzione. Il martellamento della Luftwaffe fece il resto distruggendo il resto. Nel dicembre 1941, forse meno di un terzo dei T-26 dei 10.000 mezzi di ogni tipo esistenti nell'URSS erano rimasti al sicuro nei settori orientali e in Estremo Oriente. Gli altri pochi rimasti combatterono a Mosca, Stalingrado, in Crimea, nel Caucaso e sul fronte settentrionale (intorno a Leningrado) fino a tutto il 1944.

Del resto gli ultimi modelli erano assai moderni per i tempi. Quelli ancora numerosi, operativi in Estremo Oriente finirono col partecipare all'attacco finale al Manciukuò nell'agosto 1945, l'ultima grande azione offensiva della guerra, contro l'esercito del Kwantung.

ULTIMI FUOCHI

Alcuni T-26, parte degli 82 venduti alle forze nazionaliste cinesi nel 1938-42, dopo essersi opposti alle forze imperiali giapponesi e aver giocato un ruolo significativo nella battaglia del Passo Kunlun, combatterono contro i comunisti nel 1946-47 rimando operativi fino ai primi anni '50.

▲ Bella immagine di un T-26 con antenna a corrimano esposta in un museo russo.

▲ Vista del carro leggero sovietico T-26 dall'alto.

CONCLUSIONE

Il T-26 era un carro armato con caratteristiche articolate, cosa che gli permise di durare a lungo, e in alcuni settori del fronte, ancora attivo alla fine del conflitto. Iniziò con onore la sua carriera nella Guerra civile spagnola, dove di fatto non aveva rivali. Fu anche il carro armato dei record: venne prodotto in numero maggiore rispetto a qualsiasi altro carro armato del periodo, con oltre 12.000 unità prodotte, considerando anche le varianti. Durante gli anni Trenta l'URSS sviluppò ben 53 varianti del T-26. Tra queste figurano: carri armati lanciafiamme, veicoli da combattimento, carri armati controllati a distanza, cannoni semoventi, trattori d'artiglieria e semoventi. 23 di queste varianti furono prodotte in serie, altre erano modelli sperimentali e rimasero a livello di prototipo. Fu anche, nel bene e nel male, il carro simbolo in due guerre: Spagna e Finlandia.

Dichiarato sostanzialmente obsoleto all'inizio della Seconda Guerra Mondiale, il T-26 all'inizio della operazione Barbarossa nel 1941 risultava ancora il più schierato. Anche se alla fine due terzi di essi vennero di fatto sacrificati per cercare di frenare l'offensiva. Il T-26 combatté i tedeschi e i loro alleati durante la Battaglia di Mosca nel 1941-42, la Battaglia di Stalingrado e la Battaglia del Caucaso nel 1942-1943; alcune unità di carri armati del Fronte di Leningrado utilizzarono i loro T-26 fino al 1944. L'ultimo impiego dei carri armati leggeri sovietici T-26 risale all'agosto 1945, durante la sconfitta dell'Armata del Kwantung giapponese in Manciuria.

Il T-26 fu anche un modello fortunato, venendo esportato e utilizzato ampiamente da Spagna, Cina e Turchia e anche Afghanistan. Molti mezzi catturati vennero reimpiegati in diverse funzioni dagli eserciti finlandese, tedesco, rumeno e ungherese. Finché si dimostrò utile, la dote principale del mezzo era che si trattava di un carro armato affidabile e semplice da mantenere, e il suo progetto fu continuamente tenuto vivo tra il 1931 e il 1941. Nessun nuovo modello del T-26 fu sviluppato dopo il 1940.

▲ Un T-26 reintegrato nell'esercito finlandese, al quale sono stati applicati riconoscimenti e insegne tipiche.

▲ Foto "aziendale" di un T-26 appena prodotto dalle officine sovietiche, qui nella versione con antenna a corrimano posta lunga il profilo della torretta.

▼ Soldati ungheresi del fronte orientale tutti assiepati sopra e attorno al carro armato T-26. Archivio Péter Mujzer.

CARRO ARMATO LEGGERO T-26 A2 Mod. 1933 RUSSIA, CRIMEA, MARZO 1942

▲ T-26 A2 mod. 1933 appartenente al 24° Reggimento carri separato. Fronte di Crimea, marzo 1942.

▲ Vista del carro leggero sovietico T-26 di fronte e di retro.

CARRO ARMATO LEGGERO T-26 A2 Mod. 1933 RUSSIA, AGOSTO 1941

▲ T-26 A2 mod. 1933 appartenente alla 39ª Divisione Corazzata del 16° Corpo mecanizzato. Russia, area di Uman, agosto 1941.

CARRO ARMATO LEGGERO T-26 A2 Mod. 1938 FINLANDIA, FEBBRAIO 1940

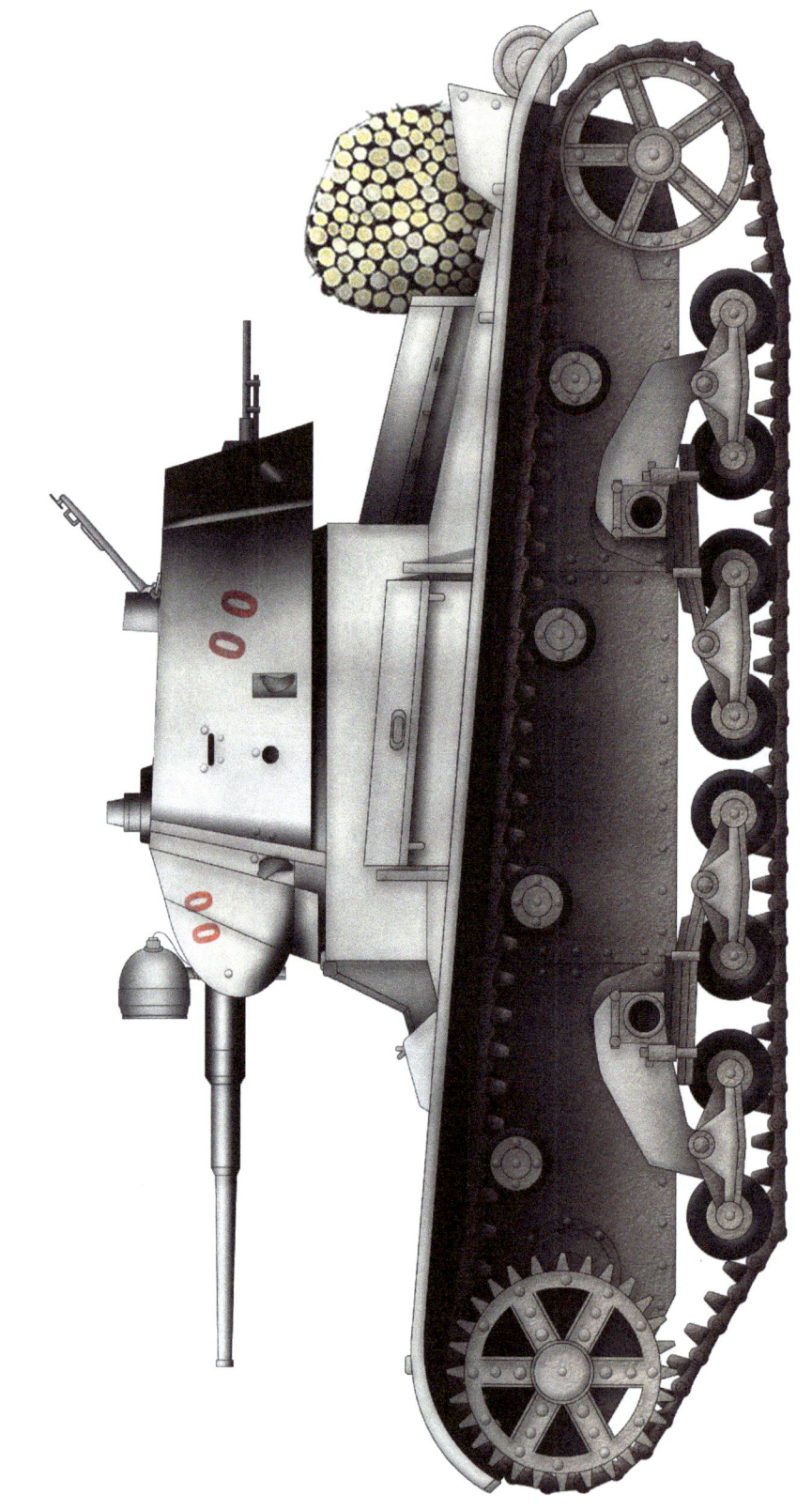

▲ T-26 A2 mod. 1938 appartenente alla 40ª Brigata carri leggeri, Istimia della Carelia, Finlandia, febbraio 1940.

CARRO ARMATO LEGGERO T-26 A2 Mod. 1938, RUSSIA 1941

▲ T-26 A2 mod. 1938 nuova versione mimetica a tre colori, Russia 1941.

CARRO LEGGERO T-26

▲ T-26-mod-1931 con una particolare torretta dotata di un cannone da 43mm, anora ben visibile anche la mitragliatrice sulla sinistra. Notare anche il portello aperto del condicente. Leningrado 1933.

▼ Un carro armato T-26 impegnato nei test. Archivio Péter Mujzer.

CARRO ARMATO LEGGERO T-26 A2 Mod. 1938 RUSSIA, ESTATE 1941

CARRO LEGGERO T-26

TWE | 43

▲ Carri T-26 in mimetica e teatro di guerra invernale, Istmo di Carelia, Finlandia 1940.

◀ Carro T-26 catturato dai finlandesi nel corso della Guerra d'inverno contro i sovietici 1940.

▼ Prototipo del T-26 in versione Posto di osservazione officina impianto 185 da cui prende il nome Kirov, Leningrado 1935.

CARRO ARMATO LEGGERO T-26 A2 Mod. 1938 BIELORUSSIA. GIUGNO 1941

▲ T-26 A2 mod. 1938 appartenete alla 18ª divisione del 7° corpo meccanizzato, Bielorussia, giugno 1941.

CARRO ARMATO LEGGERO T-26 A2 Mod. 1938 RUSSIA, INVERNO 1941-1942

▲ T-26 A2 mod. 1938 con nuova mimetica invernale con griglia. Fronte centrale battaglia di Mosca, inverno 1941-42.

PRODUZIONE ED ESPORTAZIONE

La produzione del carro leggero sovietico risale ai primi anni '30. Questa terminò con gli ultimi esemplari mandati in catena di montaggio nel 1941 (considerando anche tutti i mezzi derivati). Fu uno dei mezzi più prodotti in assoluto, fra i mezzi russi, secondo al solo temibile T-34, parliamo di circa 10.300 esemplari! Fu quindi anche un mezzo di un certo successo, usato principalmente dalla Russia Sovietica, ma anche da molte altre nazioni indicate qui sotto:

- Spagna repubblicana e nazionalista: questo teatro di guerra, che fu il vero battesimo di fuoco del mezzo e lo rese universalmemte noto, vide l'arrivo del T-26 portato dai sovietici alla nazione amica della Spagna Repubblicana. Furono comunque tutti mezzi venduti in un numero che sta fra i 281 e i 300 carri. Insieme i sovietici aggiunsero altri mezzi come il BT-5 e altre autoblinde. Non fosse stato per la critica inferiorità aerea, il carro russo avrebbe permesso ai repubblicani di vincere la guerra vista la sua superiorità nei confronti dei mezzi corazzati nazionalisti. I franchisti, a loro volta, via via che la guerra procedeva positivamente per loro, finirono con l'impadronirsi di numerosi carri T-26 riutilizzandoli prontamente.

- Esercito Finlandese: alla stessa stregua dei nazionalisti spagnoli, anche i finlandesi, con un'eroica e tatticamente ben disposta difesa, riuscirono prima a distruggere tantissimi carri russi e infine a catturarne circa 200 che furono immediatamente riconvertite nelle loro forze armate, rimanendo in forza fino agli anni '60.

- Esercito tedesco: durante la fase inziale dell'operazione Barbarossa, i sovietici persero migliaia di carri T-26 perchè colpiti, ma la maggior parte fu abbandonata sul posto, per via della repentina ritirata che non permise di salvare tutta la dotazione di armi. I tedeschi non riutilizzarono il carro sovietico, se non per ruoli secondari, come il trattore d'artiglieria e poco altro.

- Eserciti ungherese e rumeno: come specificato nel paragrafo precedente, anche l'esercito magiaro, fra i più attivi degli alleati tedeschi, catturò e ottenne dagli stessi tedeschi T-26 prontamente messi in organico.

- Repubblica di Cina: acquistò 82 mezzi utilizzati dalle forze nazionaliste contro le forze giapponesi, e successivamente utilizzati contri i comunisti cinesi nel 1946-47.

- Turchia: 64 T-26 sono gli esemplari acquistati dalle forze armate turche.

CARRO LEGGERO T-26

▲ Soldati ungheresi del fronte orientale davanti al relitto di un carro armato T-26. Archivio Péter Mujzer.
▼ Carro sovietico T-26 catturato da reparti a cavallo della Wehrmacht. By Bretho cc-by-sa-4-0.

CARRO LANCIAFIAMME XT, RUSSIA 1940

▲ Carro lanciafiamme HT Chemical Tanks (HT-26, HT-130, HT-133, HT-134), Russia 1940.

▲ Soldati ungheresi del fronte orientale si fanno fotografare davanti al relitto di un carro armato T-26 di ultimo modello. Insieme a tedeschi, finlandesi e rumeni, l'esercito magiaro recuperò molti mezzi durante la prima fase dell'invasione dell'URSS. Archivio Péter Mujzer.

▼ Carro T-26 in dotazione all'esercito cinese a Hunan nel 1941.

CARRO ARMATO LEGGERO T-26 A2 Mod. 1938, RUSSIA 1941

▲ T-26 A2 mod. 1938 nuova versione con mimetica invernale, Russia 1941.

SCHEDA TECNICA	
	T-26
Lunghezza	4550 mm
Larghezza	2310 mm
Altezza	2300 mm
Larghezza dei cingoli	280 mm
Peso in ordine di combattimento	9.600 kg
Equipaggio	3 (comandante/operatore radio, autista, mitragliere)
Motore	4-cyl gas flat air cooled Armstrong-Siddeley, 90 bhp
Velocità massima	31,16 km/h su strada 19,3 km/h fuori strada
Autonomia	240 km su strada e 150 fuoristrada
Sospensioni	A balestra con bilanciere
Spessore corazza	Da 6 a 15 mm
Armamento	Primi modelli: due mitraglatrici DT (Degtjarëv) 7,62 Ultimi Modelli: cannone da 47 mm e una DT 7,62
Produzione	10.300 esemplari

▼ Vista posteriore di un T-26 mod. 33 conservato in un parco russo.

CARRO ARMATO LEGGERO T-26 A2 Mod. 1938, RUSSIA 1941

▲ T-26 A2 mod. 1938 nuova versione con mimetica in tri colorazione, Russia 1941.

▲ Carro T-26 danneggiato e senza cingoli viene osservato da un ufficiale nazionalista. Spagna 1937.

◄ Carri T-26 occupano una vasta zona di fronte primavera 1941, Russia.

▼ Colonna di T-26 in marcia di avvicinamento alle posizioni di combattimento in Spagna nel 1937.

CARRO ARMATO LEGGERO T-26 A2 Mod. 1939, RUSSIA, AUTUNNO 1941

▲ T-26 A2 mod. 1939 con numero 6, Russia 1941.

CARRO DI OSSERVAZIONE TN 26, RUSSIA, LENINGRADO 1935

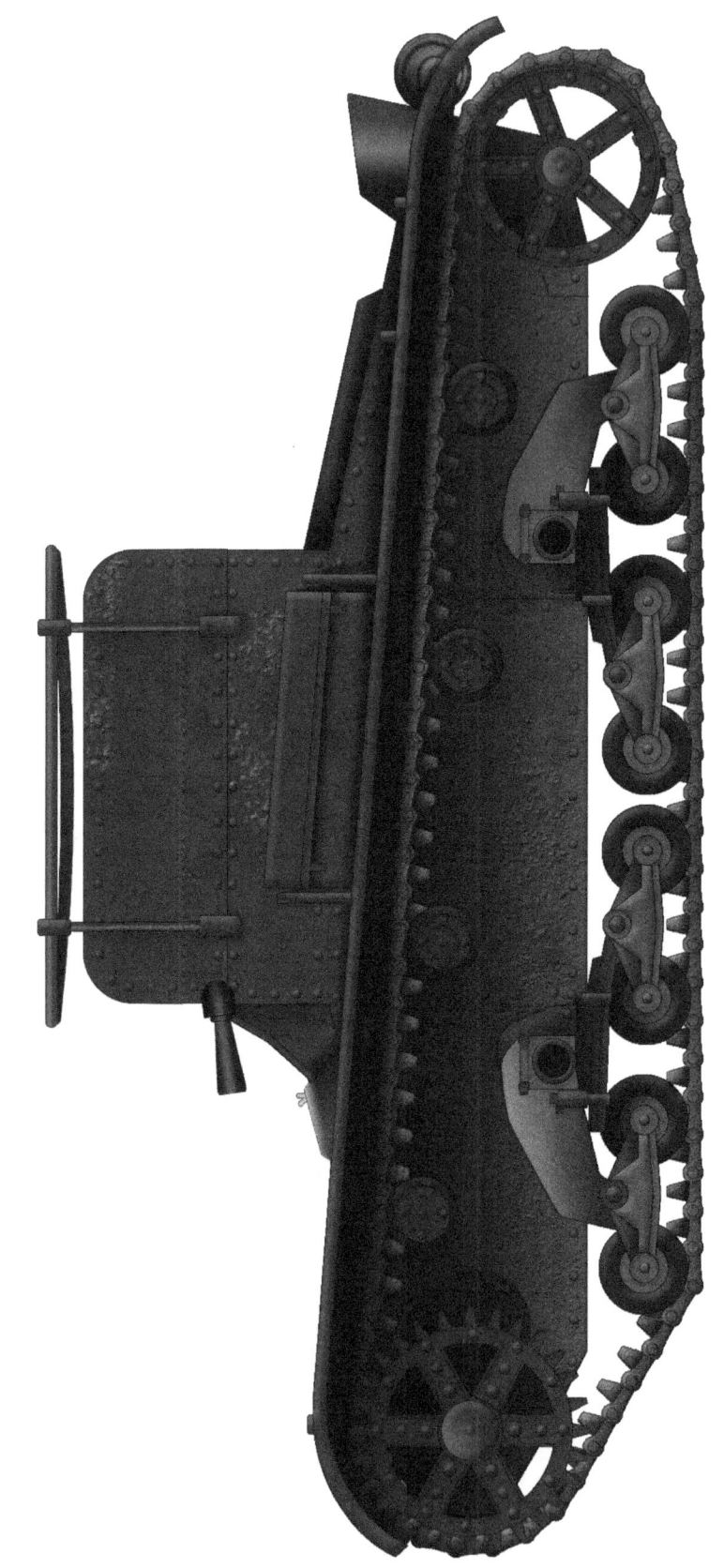

▲ TN 26 Posto di osservazione officina impianto 185 da cui prende il nome Kirov, Leningrado 1935.

CARRO TRASPORTA TRUPPE TR-1 Mod. 1933, RUSSIA 1941

▲ TR-1 mod. 1933 Caratteristiche tecniche: peso: 9,455 t - equipaggio: 2 (capocarro e pilota) + 14 fanti.

BIBLIOGRAFIA

- Michail Barjatinskij, *Lëgkij tank T-26. Modelist-Konstruktor.*, Moskva, Modelist-Konstruktor, 2003, p. 64.
- Mikhail Baryatinsky, *Light Tanks: T-27, T-38, BT, T-26, T-40, T-50, T-60, T-70*, Hersham, Surrey, Ian Allen, 2006, p. 96, ISBN 0-7110-3163-0.
- Michail Barjatinskij, *Sovetskie tanki v boju. Ot T-26 do IS-2*, Moskva, JAUZA, EKSMO, 2006, p. 352, ISBN 5-699-18740-5.
- Fernando Vallejo, *Profile guide Soviet war colors 1936-1945*. Interactive Madrid Spagna 2013
- Maksim Kolomiec e Michail Svirin, *T-26: mašiny na ego base*, Moskva, Strategija KM, 2003, p. 80, ISBN 5-901266-01-3.
- Maksim Kolomiec, *T-26. Tjažëlaja sud'ba lëgkogo tanka*, Moscow, Yauza, Strategiya KM, EKSMO, 2007, p. 128, ISBN 978-5-699-21871-4.
- Aleksandr Soljankin, Ivan Pavlov Ivan, Michail Pavlov e Igor' Želtov, *Otečestvennye bronirovannye mašiny. XX vek. Tom 1: 1905–1941*, Moskva, Exprint, 2002, p. 344, ISBN 5-94038-030-1.
- Michail Svirin e Maksim Kolomiec, *Legkij tank T-26 ARMADA No. 20*, Moskva, Exprint, 2000, p. 58, ISBN 5-94038-003-4.
- Zaloga, Steven J., Hnery Morsehead, *T-26 Light Tank Backbone of the Red Army* London, Osprey new Vanguard.
- Zaloga, Steven J., James Grandsen, *Soviet Tanks and Combat Vehicles of World War Two*, London, Arms and Armour Press, 1984 ISBN 0-85368-606-8.
- Janusz Ledwoch. *T-26 vol. 1, vol. 2 e vol. 3*. Wydawnictwo MILITARIA, Varsavia Polonia 2003.
- Appel, Erik; et al. (2001). Ekberg, Henrik (ed.). Finland i krig 1939–1940 – första delen (in Swedish). Espoo, Finland: Schildts förlag Ab. p. 261. ISBN 951-50-1182-5.
- Axworthy, Mark; Scafeș, Cornel; Crăciunoiu, Cristian [in Romanian] (1995). Third Axis Fourth Ally: Romanian Armed Forces in the European War, 1941-1945. London: Arms and Armour. ISBN 9781854092670.
- Baryatinskiy, Mikhail (2003). Legkiy Tank T-26 (Light Tank T-26) (in Russian). Moscow: Modelist-Konstruktor. Special Issue No. 2. Subscription index in the Rospechat Catalogue 73474.
- Baryatinskiy, Mikhail (2006). Light Tanks: T-27, T-38, BT, T-26, T-40, T-50, T-60, T-70. Hersham, Surrey: Ian Allan. ISBN 0-7110-3163-0.
- Baryatinskiy, Mikhail (2006a). Sovetskie tanki v boyu. Ot T-26 do IS-2 (Soviet tanks in action. From T-26 to IS-2) (in Russian). Moscow: YAUZA, EKSMO. ISBN 5-699-18740-5.
- Daley, John (1999). «Soviet and German Advisors Put Doctrine to the Test» in Armor, 1 May 1999. Fort Knox, KY: US Army Armor Center. ISSN 0004-2420.
- Franco, Lucas M. (2006). «El Tanque de la Guerra Civil Española». Historia de la Iberia Vieja (in Spanish). No. 13. ISSN 1699-7913.
- García, José María; Lucas Molina Franco (2005). La Brunete (in Spanish). Valladolid: Quiron Ediciones. p. 80. ISBN 84-96016-28-5.
- García, José María; Franco, Lucas Molina (2006). Las Armas de la Guerra Civil Española (in Spanish). Madrid: La Esfera de los Libros. p. 613. ISBN 84-9734-475-8.

LIBRI GIA' USCITI NELLA COLLANA

TWE-017 IT